Este libro se entrega con amor

A:

_____

De:

_____

Sobre el Autor

Dra. Daniela Owen es una psicóloga que da conceptos y estrategias de como tener una mente sana en la vida para niños de todo el mundo. Para mas información del autor consulte drdanielaowen.com

Por Lila Skye

Copyright © 2022 por Puppy Dogs & Ice Cream, Inc.
Reservados todos los derechos. Publicado en los Estados Unidos Por Puppy Dogs & Ice Cream, Inc.

ISBN: 978-1-957922-76-8
Edición: Noviembre 2022

PDIC y Puppy Dogs & Ice Cream son marcas registradas de Puppy Dogs & Ice Cream, Inc.

Para todas las consultas, por favor contáctenos en:
info@puppysmiles.org

Para ver más de nuestros libros, visítenos en:
www.PuppyDogsAndIceCream.com

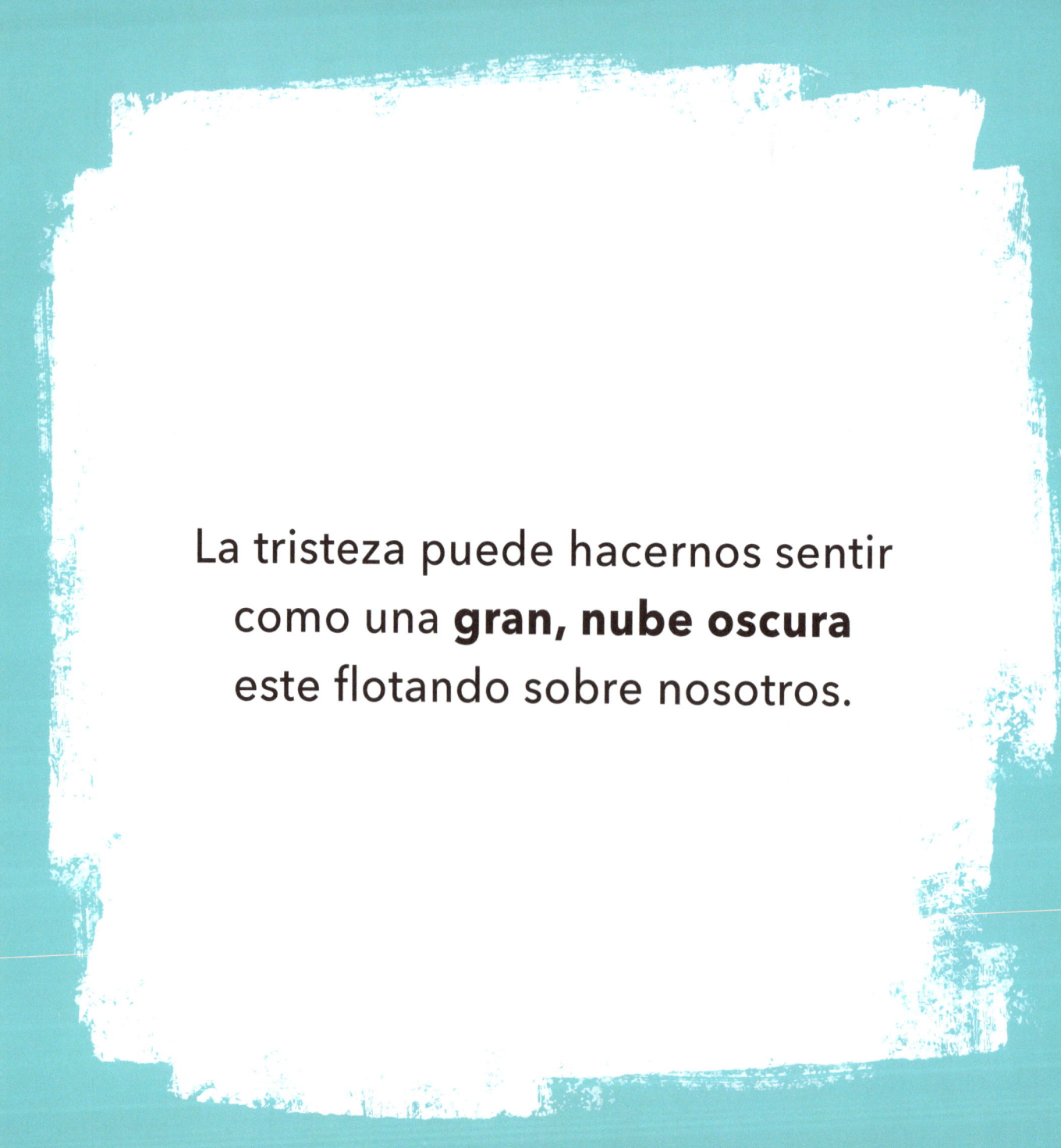

La tristeza puede hacernos sentir como una **gran, nube oscura** este flotando sobre nosotros.

Podemos sentirnos tristes porque
Nos quedamos afuera,
perdimos un juego, fallamos en algo
que intentamos hacer,
o no pudimos hacer algo que
realmente queríamos hacer.

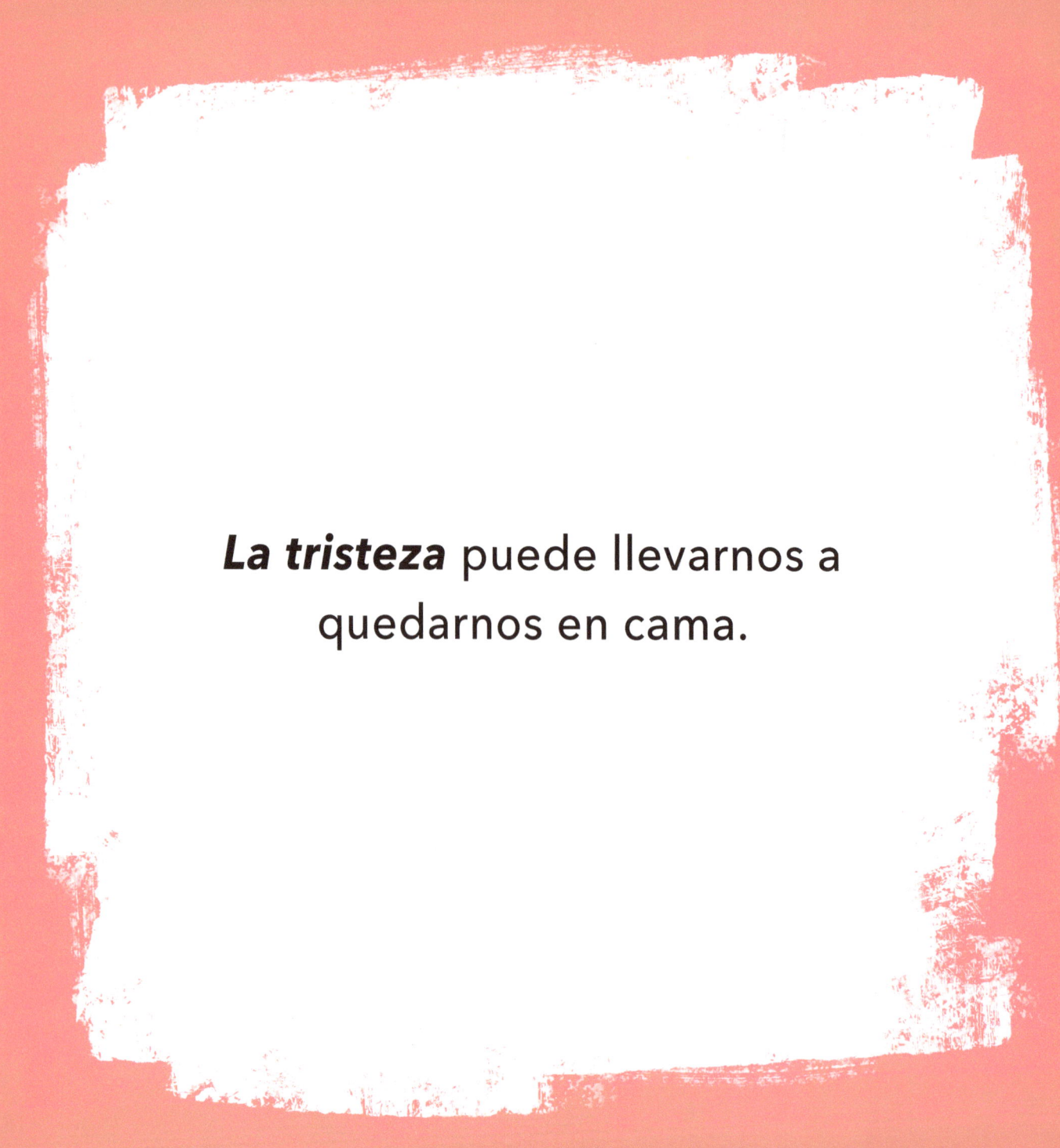

La tristeza puede llevarnos a quedarnos en cama.

Puede hacernos gritarle a las Personas que nos rodean.

O puede hacer que nos escondamos y evitemos pensamientos y situaciones que no queremos.

Aunque no se sienta bien,
está bien sentirse triste.

Todos sienten triste alguna vez...

La buena noticia es, que hay cosas que podemos hacer para hacernos **sentir más feliz**.

¿Listo para escuchar un secreto importante?

Lo que **hacemos** cambia como nos **sentimos**.

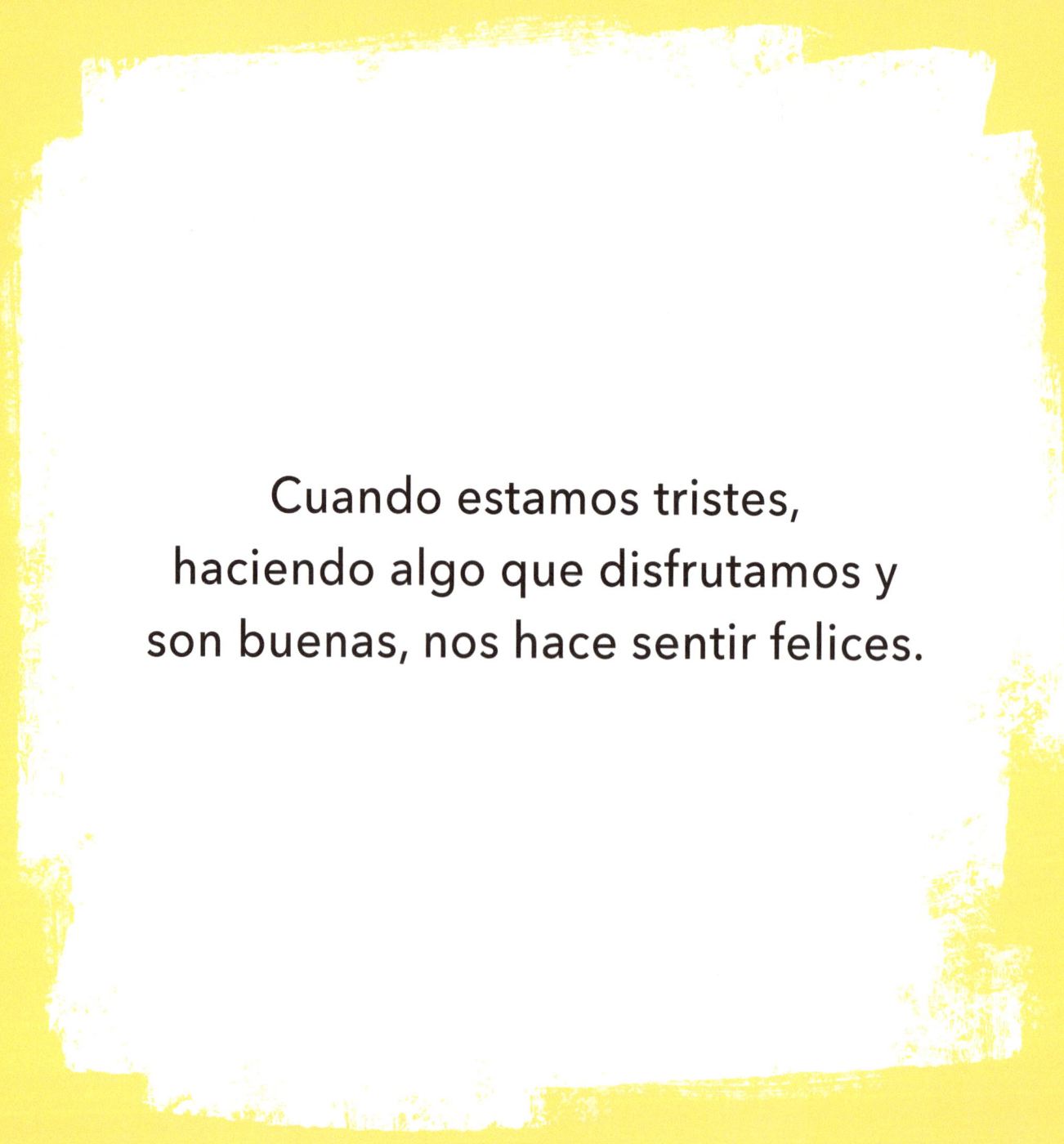

Cuando estamos tristes,
haciendo algo que disfrutamos y
son buenas, nos hace sentir felices.

Intenta hacer animales con limpiapipas, Tirar al aro, o crear un mundo imaginario para jugar en el.

Otra cosa que nos puede hacer sentir más feliz es hacer algo amable para otra persona.

Intenta hacer una tarjeta en casa
Para un abuelo, entregando
sopa a un vecino enfermo,
O ayudar a un amigo o hermano.

La felicidad es contagiosa,
¡en el buen sentido!

Cuando hacemos algo bueno
Que hace feliz a otra persona, nosotros
También nos sentimos felices.

Aquí hay algo mas
importante que sepas...

¡Lo que **pensamos**
afecta como nos **sentimos**!

PENSAMIENTO

DESPUÉS SENTIMIENTO

Cuando nos sentimos deprimidos, podemos cambiar nuestros pensamientos.

Al igual que las monedas tienen dos caras, los pensamientos también tienen dos caras.

Digamos que tienes algo difícil que hacer. Tu cerebro podría tener un pensamiento como,

"¡esto es imposible! ¡nunca podré terminar a tiempo!"

Pero puedes cambiar tu pensamiento a....

"Puedo intentarlo.
Yo podría ser capaz de hacerlo.
empezaré y veré que sucede"

¿Y adivina qué?
Incluso si no logras la tarea, simplemente
Tratando de hacer lo difícil,
¡tienes éxito en el intento!

Cuando tengas éxito,
deberías decirte a ti mismo,

"lo hice"

Notar nuestros éxitos nos hace sentir bien con nosotros mismos y nos hace querer volver a internarlo la próxima vez.

Recuerda…
Los sentimientos tristes son
como nubes obscuras.

Siempre pasan y,
¡hay cielos mas soleados por delante!

¡Tú tienes el poder de sentirte más feliz!

Recuerda...
¡Todos sienten triste alguna vez!

¡Pon ese Ceño Fruncido al Reves!

Llena las burbujas con las cosas que puedes Hacer para sentirte más feliz cuando estás triste.

¡Reclama tu regalo GRATIS!

Visite ➡ PDICBooks.com/Gift

Gracias por comprar

Todos Sienten Triste Alguna Vez

y bienvenidos a la familia Puppy Dogs & Ice Cream.

Estamos seguros de que te va a encantar
el regalito hemos preparado para usted
en el sitio web anterior.

CPSIA information can be obtained
at www.ICGtesting.com
Printed in the USA
LVHW071209070423
743753LV00004B/97